Pedro Calderón de la Barca

Pleito matrimonial

Barcelona **2024**
Linkgua-ediciones.com

Créditos

Título original: Pleito matrimonial.

© 2024, Red ediciones S.L.

e-mail: info@Linkgua-ediciones.com

Diseño de cubierta: Michel Mallard.

ISBN rústica: 978-84-9816-828-0.
ISBN ebook: 978-84-9953-375-9.

Sumario

Brevísima presentación

La vida

Pedro Calderón de la Barca (Madrid, 1600-Madrid, 1681). España. Su padre era noble y escribano en el consejo de hacienda del rey. Se educó en el colegio imperial de los jesuitas y más tarde entró en las universidades de Alcalá y Salamanca, aunque no se sabe si llegó a graduarse. Tuvo una juventud turbulenta. Incluso se le acusa de la Muerte de algunos de sus enemigos. En 1621 se negó a ser sacerdote, y poco después, en 1623, empezó a escribir y estrenar obras de teatro. Escribió más de ciento veinte, otra docena larga en colaboración y alrededor de setenta autos sacramentales. Sus primeros estrenos fueron en corrales.

Lope de Vega elogió sus obras, pero en 1629 dejaron de ser amigos tras un extraño incidente: un hermano de Calderón fue agredido y, éste al perseguir al atacante, entró en un convento donde vivía como monja la hija de Lope. Nadie sabe qué pasó.

Entre 1635 y 1637, Calderón de la Barca fue nombrado caballero de la Orden de Santiago. Por entonces publicó veinticuatro comedias en dos volúmenes y La Vida es sueño (1636), su obra más célebre. En la década siguiente vivió en Cataluña y, entre 1640 y 1642, combatió con las tropas castellanas. Sin embargo, su salud se quebrantó y abandonó la Vida militar. Entre 1647 y 1649 la Muerte de la reina y después la del príncipe heredero provocaron el cierre de los teatros, por lo que Calderón tuvo que limitarse a escribir autos sacramentales.

Calderón murió mientras trabajaba en una comedia dedicada a la reina María Luisa, mujer de Carlos II el Hechizado. Su hermano José, hombre pendenciero, fue uno de sus editores más fieles.

Personajes

El Pecado
El Alma
El Alma
La Memoria
La Voluntad
El Entendimiento
La Muerte
La Vida
Un Niño que hace a Cristo
Músicos

Acto único

(Tocan cajas roncas y sale el Pecado, y abriéndose un tronco sale la Muerte con guadaña.)

Pecado   Parasismo del mundo, a cuyo horror
la fábrica caduca universal.

Muerte   Ojeriza del cielo, cuyo error
hizo al hombre saber el bien y el mal.

Pecado   Ira común, pues yace a tu furor
vegetable, sensible y racional.

Muerte   Saña común, pues yace a tu poder
lo que nació primero de nacer.

Pecado   Basilisco del tiempo tan cruel,
que das mirando a cuanto vive fin.

Muerte   Áspid del siglo, tan traidor e infiel
que muerdes entre flores de un jardín.

Pecado   Introducido escándalo de Abel.

Muerte   Heredada malicia de Caín.

Pecado   Ministro del gran Dios de Sabaoth.

Muerte   Caudillo de los bandos de Astaroth.

Pecado   Pálida Muerte, porque solo así
todas tus señas pronunciar podré.

Muerte	Príncipe del abismo, que de ti noticia de otra suerte dar no sé.
Pecado	¿A un mundo yo no te introduje?
Muerte	Si de la Muerte el Pecado origen fue.

Pecado   Pues si el ser me debiste y ser atroz,
desciende a los conjuros de mi voz.
Desciende de ese negro monte, que es
funesta patria de la noche vil;
el seno deja de sus troncos, pues
el valle nos conVida con su abril.
Víboras somos; ajen nuestros pies
sus flores ciento a ciento y mil a mil,
mientras no empaña, al ver nuestro arrebol,
su faz la Luna y su semblante el Sol.

Muerte   Ya de aquel tronco que mi cuna fue,
de quien naciendo rama soy raíz,
rasgué el tronco y rasgándole dejé
yerta su pompa, mustio su matiz.

(Baja.)

      Agora dime qué me quieres.

Pecado   Que
en mi pena mayor, más infeliz,
me ayudes a vengar una pasión.

Muerte   ¿Son envidias del hombre?

Pecado	Celos son, que son envidias una y otra vez.
Muerte	¿Celos tiene quien nunca tuvo amor?
Pecado	Sí, porque hay celos de tal vil preñez que son abortos hijos del rencor.
Muerte	Pues ¿qué quieres? Que al cielo la azul tez apagaré de un soplo, y su esplendor de nubes vestirá negro capuz, en funestas exequias de la luz.
Pecado	Ya sabes que desterrado salí de mi patria augusta por aquel delito infame, aquella ambiciosa culpa en que mi soberbia entonces me puso, por que se arguya cuán antiguo es en el mundo ser soberbia la hermosura. Ya sabes también que luego, mañosa serpiente astuta, me introduje en un jardín, donde sus vedadas frutas inficioné con mi aliento mortal, eterna cicuta de los hombres. De esta ira, de esta rabia, de esta furia, fue la causa que entre sombras de imágenes y figuras, bien a mi ciencia distintas, bien a mi dolor confusas, en la soberana idea

de Dios mire la pintura
del Alma hermosa del hombre,
cuya gran belleza, cuya
perfección había de ser
al Alma mortal conjunta
humana naturaleza,
reina del mundo absoluta.
De suerte me arrebató
mis acciones todas juntas,
que de envidia, amor y celos,
sentí a tiempo tres injurias.
De envidia, por ver que había
de ser —la lengua me turba—
preferida —ide ira rabio!—
su fortuna a mi fortuna.
De amor, porque su belleza
es tan inmensa, tan suma,
que solo en hacerla mía
mi loca ambición estudia.
Y de celos, porque el cielo,
aunque quiere que sea suya,
a un villano se la entrega
que la desdore y desluzca,
pues siendo el Alma tan noble
que goza a la edad futura
eterna la duración,
porque tiene la segunda
de las tres que hay: sin principio,
sin fin, que es dellas la una,
solo es duración de Dios,
que sin principio y fin triunfa;
con principio y fin, que es otra,
es la duración caduca
de la Vida humana, pues

anochece aunque madruga,
y el medio de estos extremos
es el Alma que los junta,
pues con principio y sin fin
por siglos de siglos dura.
Y siendo —otra vez lo digo—
tan bella y noble criatura,
que su solar es la mente
de Dios, de donde su justa
omnipotencia la cría,
se la dan a que se infunda
en el informe embrión
de un cadáver sin figura
ni forma, hasta aquel instante
que ella le anima y le ilustra
al Alma, un tosco villano
hecho de una masa impura,
lodo de saliva y tierra,
de tan bárbara, tan ruda
naturaleza él por sí,
que sin ella acción ninguna
tiene, ni hay cosa que alcance
ni materia que discurra.
Llevan en dote a estas bodas
ella las Potencias suyas
y él sus Sentidos, de quien,
juntos uno y otro, usan.
Ponerla yo impedimento
no puedo; pero si ayudas
tú mi intento, verás cómo
su matrimonio se anula,
pues estas bodas, la Muerte,
haciendo que se desuna
el Alma del Alma, es

la que las da por ningunas.
No se deposite perla
tan preciosa en tan inculta
casa, y si el tiempo que aqueste
efecto no se ejecuta
la gozare, sea pasando
zozobras, penas, angustias,
haciendo los dos que entre ellos
tal cizaña se introduzca
que siempre llenos estén
de penas y desventuras,
que la obliguen a que pida
ella —con él mal segura—
nulidad de matrimonio,
por causas que alegue justas.
Y yo, cuando absuelta quede
del lazo de esta coyunda,
robarla pueda y llevarla
a mis cárceles profundas.
Para este efecto, los dos
disfrazados con industria
nos hemos de introducir
en sus familias: la una,
que es la del Alma, te toca,
pues es jurisdicción tuya
cuanto es mortal; la del Alma
le pertenece a mi astucia,
porque tengo acción a ella
desde aquella primer culpa.
Y para que veas si tengo
para ello acciones muchas,
los ojos vuelve a mirar

(Ábrese una gruta como de una peña y estará el Alma como echado y dormido.)

el corazón de esa gruta,
cuya boca se espereza
para que su centro escupa
el Alma, que en ella ahora
como en el seno se oculta
materno, que poco o nada
la significación muda
la explicación del concepto
porque sean peñas duras
las entrañas que le aborten,
puesto que en su primer cuna
el centro fue de la tierra,
que ha de ser su sepultura,
donde el nacer y el morir
son dos acciones tan una,
que no son más que pasar
desde una tumba a otra tumba.
Mira que animal tan torpe
en sus principios se juzga,
pues tiene ojos y no ve,
tiene labios y no gusta,
tiene manos y no toca,
tiene orejas y no escucha,
tiene pies y no se mueve,
tiene lengua y no pronuncia,
tiene boca y no respira,
y corazón y no pulsa;
que al fin un Alma sin Alma
solo es fábrica caduca,
que antes que llegue a estar viva
ha aprendido a estar difunta.

Y por que mejor mis celos,
mi rabia y mi pena arguyas,
al cielo los ojos vuelve,
verás que de sus purpúreas
esferas desciende el Alma,

(En lo alto se descubre un trono de gloria, donde estará el Alma ricamente
adornada.)

hermosa, perfecta y pura,
a casarse con el Alma,
ajeno de sus venturas.
Y para que de este asunto
no esté ignorada o confusa
la alegoría, sino
lo que hablar pueden, escucha
lo que hablaran si pudieran,
antes de hacerse esta junta,
que han de intentar deshacer
tus iras y mis injurias,
tus rencores y mis celos,
tus rabias y mis industrias.

Alma

Sin oír, hablar ni ver,
en noche continua estoy;
si nada antes de ser soy,
¿qué seré después de ser?
Mas no, no quiero saber,
confusa naturaleza,
ni ser quiero, que es tristeza
a mi ser anticipada
ver que acabe siendo nada
ser que siendo nada empieza.
Mas ser quiero, que es error

no ser si en mi mano está,
pues peor no ser será
que siendo ser lo peor;
y tengo ya tanto amor
al ser que espero tener,
que por ser tengo de hacer,
juzgando a más pena yo,
dejar ya de ser que no
ser para dejar de ser.

Muerte   En su formación primera
              él se esfuerza.

Pecado   Cosa es clara,
              que si él no se ayudara,
              su naturaleza fuera
              imposible que pudiera.

Muerte   Oigamos en su alegría
              al Alma lo que diría
              si hablara en esta ocasión.

Pecado   Es tanta su perfección,
              que aun su voz será armonía.

Alma   Patria hermosa en que nací,
              forzada a la tierra voy;

(Bajando.)

              pero en cualquier parte soy
              la que en mi principio fui;
              no ha de haber mudanza en mí,
              que aunque Dios me hizo de nada,

17

me hizo eterna, y, desterrada
de esta celestial esfera,
al esposo que me espera
protesto que voy forzada.
Protesto que en la prisión
del Alma en que he de asistir,
siempre desearé salir
por volver a mi región.

Alma   ¿Cuándo de esta confusión
                  saldrá mi ciego sentido?

Alma   ¿Cuándo, amado patrio nido,
                  a mi patria volveré?

Alma   Nada soy, nada seré.

Alma   Siempre seré, pues ya he sido.

Pecado   Ya que acercándose viene
                  esta gran obra de Dios,
                  dividámonos los dos,
                  cada uno al cargo que tiene.

(Truecan lugares.)

Muerte   A mí acudir me conviene
                  a aquesta porción mortal.

Pecado   A mí, a aqueste celestial
                  espíritu.

Muerte   ¡Qué torpeza
                  tan villana!

Pecado   ¡Qué belleza
                          a estar sin original!

(Al acabar de bajar, el Alma tropieza y cae en brazos del Pecado.)

Alma   Ya, tierra, tu centro piso,
                          y en ti mi divino ser
                          el primer paso es caer.

Pecado   No te estremezca el aviso,
                          que tenerte yo es preciso.

Alma   Eso es lo que me turbó;
                          pero no me admiro, no,
                          que los brazos me prevengas,
                          que para que tú me tengas
                          es fuerza que caiga yo.
                          ¿Quién eres, que aunque quisiera
                          por darme tu vista miedo,
                          de ti apartarme no puedo?

Pecado   Yo soy la culpa primera,
                          que siempre al paso te espera.

Alma   Manchada me llego a ver.

Pecado   Es efecto de caer.

Alma   ¡Suelta!

Pecado   Contigo he de ir.

Alma   ¿Esto es nacer o morir?

Pecado	¿Qué más morir que nacer?
Alma	No sé qué vigor, qué brío siento en mí, que me parece que el deseo de ser crece. ¿Adónde voy?

(Al salir de la gruta, el Alma tropieza y cae en brazos de la Muerte, y ella le tiene en ellos.)

Muerte	A ser mío.
Alma	¡Ay de mí!
Muerte	Ven; yo te guío.
Alma	¿Quién eres?
Muerte	¿Quién he de ser? La Muerte, que has de tener.
Alma	¡Sentir antes de sentir! ¿Esto es nacer o morir?
Muerte	¿Qué más morir que nacer?
Alma	Peligro de Muerte tengo al primer paso que doy.
Alma	¿Esclava de nadie soy cuando a ser señora vengo?
Muerte	Sí, porque así te prevengo

las miserias de tu estado.

Pecado   Sí, que es delito heredado.

Alma   Mortal, oye.

Alma   Humano, advierte.

Alma   Tu primer paso es la Muerte.

Alma   Tu origen es el Pecado.
              Rústica morada mía,

(Llega al Alma.)

              donde presa he de vivir
              entre el llorar y el reír:
              goza de la luz del día.

(Sale la Vida con una hacha encendida, y pónese en medio de los dos y canta.)

Vida   Esta llama que arde fría,
              la Vida de los dos es;
              apenas os juntáis, pues,
              cuando nace de los dos,
              haciendo en un punto Dios
              un compuesto de los tres,
              que somos Alma, Alma y Vida;
              Alma, bruto material;
              Alma, espíritu inmortal,
              y Vida, llama encendida
              que de los dos procedida
              vive tan sujeta al viento,

que de uno en otro momento
dura lo que ha de durar,
pues de inspirar a expirar
no hay más que solo un acento.

Alma   ¡Ay, infelice de mí!

Pecado   Ya el hombre empieza a llorar.

Alma   La luz merezco mirar,
                mas, ¡ay!, ¿cómo puede ser
                que me haga la luz ver
                si la luz me hace cegar?
                ¿Ya no tengo Vida? Sí,
                y Alma. ¿Cómo torpe soy,
                y cuando más en mí estoy
                estoy más fuera de mí?
                ¿Sentidos tengo? Es así
                boca, ojos, manos y oídos,
                mas todos entorpecidos.
                Si los sentidos no sé
                de qué me sirven, ¿de qué
                me sirve tener sentidos?
                Alma hermosa, pues que vienes
                a informar mi rustiqueza,
                y es tan grande tu belleza
                como tú sabes que tienes,
                ¿por qué el usar me detienes
                de ellos? Sepa yo hasta cuándo
                me quieres tener dudando,
                hasta cuándo padeciendo.

Alma   Velos tú reconociendo,
                que yo los iré ilustrando.

Alma	Ruido parece que he oído;
	de qué es el ruido no sé,
	ni qué fragancia es la que
	da el olfato a su sentido.
	¿Qué manjar ha apetecido
	el gusto para alimento?
	Mas, ¡ay!, que una espina siento.
Alma	¿Cómo que es espina, pues
	sabes?
Alma	Como el tacto es
	sentido del sentimiento.
	Y en aquesta natural
	miseria en que el ser me ha puesto,
	no se conoce tan presto
	el que es bien como el que es mal.
Alma	Ya que en matrimonio tal
	han de vivir con los dos
	y vuestros sentidos vos
	me dais, conoced también
	a mis Potencias, de quien
	me envía dotada Dios.
(Sale la Memoria.)	La Memoria es la primera
	que se os deja conocer.
Alma	Ahora me acuerdo que ayer
	nada de lo que soy era,
	y aunque yo otra vez no viera
	el cielo, bien me acordara
	de su azul esfera clara,
	montes, árboles y peñas.

Alma	Y de todas esas señas,
	¿cuál más que otra te agradara?
Alma	Si va a decir la verdad,
	no sé, que hasta ahora no
	elijo las cosas yo.
Alma	Pues llega tú, Voluntad.
(Sale la Voluntad.)	
Voluntad	Yo soy la que en libertad
	poner tus acciones fío.
Alma	¡Qué beldad, qué gracia y brío!
	Tú mi privanza has de ser,
	pues contigo puede hacer
	elecciones mi albedrío.
	Preguntásteme cuál era
(Al Alma.)	la cosa que me agradaba
	más, y como antes estaba
	sin Voluntad, mal pudiera
	responderte aunque quisiera;
	ahora sí, y aunque esta pura
	antorcha es bella criatura,
	¡pardiez!, a mi parecer,
	me agrada mi mismo ser
	más que toda su hermosura.
	Osténtese el cielo grave,
	den Luna y Sol resplandores,
	matices broten de flores,
	frutos la tierra s̗ave,
	corra el bruto, vuele el ave,

brame el mar y gima el viento,
que, solo a mi ser atento,
a mí me agradó de modo
que yo soy mejor que todo.

Alma   Pues llega tu Entendimiento.

(Sale el Entendimiento de galán.)

Entendimiento   La última Potencia soy,
porque a tu capacidad,
tras Memoria y Voluntad
siempre a conocer me doy.

Alma   Con causa quejoso estoy
de que el último hayas sido
tú que a verme hayas venido,
que tú eres mi Entendimiento.
¡Oh, cuán trocado me siento
después que te he conocido!
Ya no hay vanidad en mí,
ni soberbia, ni altivez;
conozco la desnudez
con que a este mundo nací.
¿Cómo a tal esposa, así,
mi vil ser recibir pudo?
Como lo creo y lo dudo,
en tan celebrado día
es la mayor gala mía
hallarme pobre y desnudo.
¡Hola! De vestir me da
las telas y los colores
por que sean las mejores.
Escoge tú, Voluntad.

(A la Voluntad.)	Tú elige la variedad de manjares diferentes para un banquete en que cuentes mis poderes absolutos; pide a la tierra sus frutos, sus cristales a las fuentes, que solo a tu gusto atento vivir quiero.
Alma	Eso no ha sido conocer, que has conocido.
Alma	¿A quién?
Alma	A tu Entendimiento.
Alma	¿Cómo?
Alma	Como darla siento a ella tanta autoridad.
Alma	¿Pues por qué?
Alma	Porque es verdad que aun no ha conocido bien al Entendimiento quien prefiere a la Voluntad.
Alma	Pues todo, si gustáis vos, él lo rija.
Voluntad	¡Ya me aflijo!
Alma	Y sea ayo de este hijo,

	que es la Vida de los dos.
Vida	Él me encaminará a Dios.
Alma	Y yo, cierta de su fe, el banquete te daré de las bodas de este día.
Entendimiento	Pues si ya autoridad mía gobernar tu casa fue conocer cuantos en ella están, me conviene ahora. ¿Quién sois vos?

(Llega el Pecado.)

Pecado	¿Eso se ignora siendo deslizada estrella?
Entendimiento	¿Qué hacéis aquí?
Pecado	Al Alma bella asisto.
Alma	Al venir caí en su poder.
Entendimiento	Es así, mas ¿ya no se levantó?
Pecado	No, pues manchada quedó.
Entendimiento	Pues yo te echaré de aquí.

Pecado	Si la posesión primera de ella tengo...
Alma	¡Qué pesar!
Pecado	¿Cómo me podrás echar?
Entendimiento (Al Alma.)	¿Cómo? De aquesta manera que te lavases quisiera, señora, para comer en el banquete que hacer para tus bodas prevengo.
Alma	Dadme agua.
Pecado	El fuego que tengo con agua se ha de encender. ¡Ay de mí, que estoy rabiando!

(Sacan una fuente con agua y lávase.)

Alma	¡Cielos! ¿Qué es lo que estoy viendo? De mi vista se va huyendo como yo me voy lavando.
Pecado	No te quedes blasonando de que con misterio tal me echas; mi rabia mortal turbará tu nuevo estado, pues de original Pecado Pecado me haré actual.

(Vase.)

Entendimiento	¿Quién sois vos?
Muerte	La Muerte soy.
Entendimiento	¿Cómo aquí entráis, atreVida?
Muerte	Como vine tras la Vida.
Vida	Temblando de verla estoy.
Alma	Entendimiento, pues hoy poder tuviste de que huya el Pecado, ¿por qué no haces que la Muerte huya?
Entendimiento	Gobernar la Vida tuya, mas no librarla, podré, siendo Entendimiento yo, porque Dios poder me ha dado de librarla del Pecado, pero de la Muerte no.
Vida	El verla me estremeció.
Alma	¿Cómo librarla me advierte de su horror y vista fuerte?
Entendimiento	Memoria, tú has de guardarla.
Memoria	Pues ¿cómo podrá librarla la Memoria de la Muerte?
Entendimiento	Como se acuerde de habella, segura estará la Vida,

	pues solo della se olVida
	quien solo se acuerda de ella.

Alma	Yo ni acordarme ni vella
	quiero, ni su sombra fría,
	Memoria, a mi fantasía
	traigas; goce sin pensión
	estas dos prendas, que son
	la Vida y el Alma mía.

(Quita la Muerte la hacha a la Vida y se va con ella.)

Muerte	Suelta esta antorcha y advierte
	que has de ignorar mal segura,
	desde aquí, cuando su pura
	llama ha de apagar la Muerte.

Vida	¡Fuerte duda!

Alma	¡Dolor fuerte!

Alma	¿Dónde tendré defendida
	Vida y Alma?

Entendimiento	En la comida
	que hoy a tu boda he de dar.

Alma	Gran manjar, será manjar
	que salve el Alma y la Vida.

(Vanse todos y queda la Voluntad.)

Voluntad	Sí será; pero sin mí
	a comerle has de llegar.

Solo porque ese caduco
Entendimiento le da
por el temor de la Muerte,
adonde él te lleva vas,
no por el amor que tienes
a ese divino manjar.
Luego bien puedo quedarme
en esta ocasión atrás,
pues el que va con temor,
bien puede ir sin Voluntad.
Quiso el Alma preferirme
en su privanza al llegar
a conocerme, y el Alma
me quitó esta Vanidad,
dándole al Entendimiento
en su gracia más lugar
que a mí; muriendo de envidia
quedo, y he de procurar
que no haga ya el Alma cosa
que al Alma no le esté mal.

(Sale el Pecado.)

Pecado   No pierda ocasión, pues veo
                    dispuesta la Voluntad.

Voluntad   Aconsejaréle siempre,
                    de su virtud a pesar,
                    gustos, juegos, vicios, gulas
                    y deleites.

Pecado   Bien harás.

Voluntad   ¿Quién anima mis intentos?

Pecado	Quien siempre siguiendo va de tu divina hermosura la soberana beldad.
Voluntad	¿Cómo siguiéndome siempre, si yo no te vi jamás hasta ahora, que muriendo de envidia estoy?
Pecado	Es verdad, porque hasta tener tú envidia no me quito yo el disfraz.
Voluntad	¿El original Pecado no eres?
Pecado	Sí; mas no soy ya original, sino copia, pues de aquel original nació el Pecado común.
Voluntad	¿Dónde de esta suerte vas?
Pecado	Buscándote, por que hagas, persuadida de mi mal, una fineza por mí.
Voluntad	¿Qué?
Pecado	Introducirme no más en la familia del Hombre.
Voluntad	Pues ¿qué es tu intento?

Pecado	Lograr
	no más de que sepa el Alma
	que soy su amante leal.

Voluntad   ¿Podré yo?

Pecado   Tú sola puedes.

Voluntad   El Alma me ha hecho un pesar,
             y nada me está a mí bien
             que no le parezca mal.
             Vengarme tengo. Conmigo
             ven.

Pecado   Contigo claro está
             que puedo ir.

(Dentro ruido.)

Voluntad   Oye.

Pecado   ¿Qué es?

Voluntad   Que la mesa del altar
             deja el Alma mal contento
             de la vianda que le da
             el Entendimiento en ella.

Pecado   Pues ya con eso podrás
             introducirme en su casa
             con menos dificultad.

(Salen todos.)

Alma	¡Huid todos, huid de mí!
Entendimiento	Tente.
Vida	Mira.
Memoria	¿Dónde vas?
Alma	¿Por qué la mesa has dejado?

Alma   Porque estoy sin Voluntad
en banquete donde todo
cuanto hoy a comer me da
el Entendimiento es
solo un pedazo de pan,
sin sabor y sin sustancia
para mí.

Alma   No digas tal,
que para mí es pan de eterna
Sustancia y Divinidad.

Vida   Y para mí pan de Vida.

Alma   Muy bien se sustentará
todo un Alma como yo
con un bocado, no más,
habiendo para comerle
de gemir y de llorar
primero, y andar vestido
de un cilicio y de un sayal.
Notables misterios tiene,
mas no los puede alcanzar

mi ruda naturaleza
por más que piense, por más
que discurra y que imagine.
Tente; espera, ¿dónde vas,
Memoria?

Memoria   Donde me llevan
los misterios deste pan.

Alma   Pues éste es aquel cordero
de la gran mesa legal.

Vida   éste es el blanco rocío
de la aurora celestial,
cuajado en cándida piel.

Entendimiento   éste es sabroso maná,
que siendo fiel a las gentes
fue con su sabor neutral.

Alma   ¿Qué hace mi Memoria de
dar vueltas y vacilar
por las sombras de una y otra
ley escrita y natural?

Alma   De la boca del león
éste es el dulce panal.

Vida   Este trigo de Belén,
donde se conserva el haz
de las espigas de Ruth.

Entendimiento   Y el sacrificio del pan
y vino en Melquisedec

	hecho a la fe de Abraham.

Todos   Y éste es el Alma y la Sangre
de Cristo vivo.

Pecado   No es tal.

Memoria   ¿Dónde voy agora?

Alma   ¿Cuándo,
Memoria, has de descansar?

Todos   Sí es.

Pecado   ¿Quién lo dice?

Entendimiento   La fe.

Pecado   Tú cautivo della estás
por el oído.

Entendimiento   Es así;
mas tú, ¿cómo osas entrar
aquí otra vez?

Pecado   Como ahora
vengo con la Voluntad
del hombre, y, puesto que ella
a tu presencia me trae,
queriendo ella que esté aquí,
tú no me puedes echar,
ni hay agua ahora que me ausente
siendo ya culpa actual,
puesto que ese sacramento

	dudando y temiendo está.
Entendimiento	¡Ay de mí!, que dices bien en eso, aunque dices mal. Mas otra agua habrá en el llanto de la confesión vocal.
Pecado	Mientras él no la pronuncie.
Alma	Basta, Memoria, no más, que yo creo que la fe eso y mucho más podrá.
Entendimiento	Ya no duda y ya confiesa.
Pecado	Por eso doy paso atrás.
(Retírase.)	
Alma	Pero no podrá que yo viva con eso no más contento.
Pecado	Esa es fe sin obras; con eso vuelvo a llegar.
(Llégase.)	
Alma	Y así Voluntad.
Voluntad	¿Qué quieres?
Alma	Tú otro banquete me da, que si allí el Alma comió,

yo no comí. Al punto haz
que en mi mesa se registre
cuanta ave, pez, animal,
veloz vuela, veloz corre,
veloz nada, por salvar
la piel, la escama y la pluma
en tierra, en aire y en mar;
y por que no entre suspiros
coma, vénganme a cantar
los músicos, y después
prevén para descansar
caliente vellón de nieve,
que mulléndole el azahar
sea arrancado pedazo
de las Indias de Sabá.
Tenme luego ricas galas,
adonde la variedad
de colores hagan bellos
maridajes al mezclar
la plata, el oro y la seda
artificioso telar.
De mi parte a la Hermosura
conVida y la Ociosidad,
porque entre juegos y amores
comer más y beber más
serán mis divertimientos.

Alma   ¡Ay de mí, que he de pasar
por esto!

Vida   Pues ¿de qué lloras?
¿No será mejor lograr
mi Vida en gustos que en penas?

Alma	¿Tú estás de su parte ya?
Vida	En aquesta parte, sí.
Voluntad	Pues tus poderes me das, conoce a quien todos estos deleites te prevendrá.

(Señalándole al Pecado.)

Alma	Seas bien venido.
Pecado	Yo te daré banquete igual a los de Asuero, a quien siga la cena de Baltasar y el convite de Absalón.
Alma	Notable gusto me harás. A darle cuanto él pidiere vete tras él, Voluntad.
Voluntad	Voluntad dañada, ¿cuándo tras el Pecado no va?

(Vanse los dos.)

Alma	Advierte.
Alma	¿Qué he de advertir? Yo no soy Alma inmortal; ¿no he menester comer?
Alma	Sí,

mas con templanza. ¿No estás
advirtiendo que te dijo...?

Alma   ¿Qué?

Alma   Que tus mesas serán
las de Asuero, que pararon
en la soberbia de Amán
y repudio de Bastí;
las del ciego Baltasar,
que pararon en aquella
mano que escribió fatal
el Manel, Tecel, Farés;
las de Absalón, que a parar
fueron en Muerte de Amón
por venganza de Thamar.
No hay banquete sin tragedia.

Alma   ¡Qué necia y cansada estás!
¿Quieres que yo me sustente
con un poco de maná
como tú?

Alma   No; mas él solo
fue bastante a sustentar
todo el pueblo.

Alma   Y di, ¿por eso
dejó el pueblo de llorar
por las cebollas de Egipto?

Alma   Eres villano.

Alma   Es verdad;

tú eres noble. Mas comamos
y bebamos sin pesar.

Alma   ¿Cómo puedo dejar yo
de tenerle, cuando está
la Voluntad disipando
mi dote, hacienda y ajuar
en tus gustos y deleites,
tu pompa y tu vanidad?

Alma   ¿Qué ajuar, hacienda ni dote?

Alma   Dote, el tesoro inmortal
de doce dones, de quien
corona es la castidad;
hacienda, la de catorce
cosas que suelen llamar
obras de misericordia,
patrimonio celestial,
y ajuar, las tres ricas joyas
fe, esperanza y caridad.

Alma   Todo ese usufructo es mío,
y siendo mi esposa ya,
has de obedecerme.

Alma   Sí;
pero en lo justo no más.

Vida   Qué triste Vida es La Vida
de los casados sin paz!

Alma   Cuanto yo quisiere es justo.

Alma	No es, y me sabré apartar de ti.
Alma	¿Apartarte de mí?
Alma	Sí.
Alma	¿Cómo?
Alma	Con alegar la nulidad de la fuerza, que está protestada ya.
Alma	¿Pues habrá más de ponerme el pleito matrimonial?
Alma	Si haré.
Vida	¡Ay, infeliz de mí!

(Desmáyase.)

Entendimiento	¿Qué accidente dio, qué mal a la Vida?
Alma	Toda tiemblo viendo a la Vida temblar.
Alma	En su aliento me ha faltado a mí el aliento vital.
Alma	¡Vida hermosa de mis ojos!
Alma	¡Vida de mi Alma!

Vida	¡Ay!
Alma	¿Vuelve?
Alma	Sí, pues vuelvo yo.
Entendimiento	¿Qué es lo que sientes?

Vida
                                                Mostrar
que de vuestros sentimientos
a mí la pena me dais,
pues es fuerza enfermar yo
en queriéndote apartar
tú, que es tu desavenencia
mi mayor enfermedad.

Alma
Pues ¿si no fuera por ti
viviera yo con él más?

Alma
Si no fuera por ti, ¿yo
sufriera su vanidad?

Vida
Pues si os conserva mi Vida
juntos, los brazos os dad,
y convaleceré yo
siendo de los dos la paz.

Alma
Aunque a mi pesar, lo haré,
que no se logran jamás
con más gusto casamientos
que obra la desigualdad.

Alma
Tuyo soy, pero aunque llores

he de hacer mi Voluntad.

Alma   ¿Luego más que a mí la quieres?

Alma   No digo quererla más,
pero...

Alma   No prosigas, que eso
está conocido ya,
puesto que a ninguna dama
hasta hoy dijo su galán:
«Más que a mi Alma te quiero»,
que no dijese verdad;
pues si cuando ofende a Dios
en los brazos que la da
aborrece al Alma, es cierto
que no es de su amor lealtad
quererle allí mas que al Alma,
pues quiere allí al Alma mal.

Alma   Muy discreta eres; no quiero
ponerme contigo a hablar,

(Instrumentos, y cantan dentro la música.)

y más cuando en mis oídos
suena esa música ya.

Cantan   En las bodas del Alma y el Alma,
siendo ella eterna, y siendo él mortal,
solo un hijo que es de ambos La Vida
es quien los tiene forzados en paz.

(Salen el Pecado y la Voluntad.)

44

Voluntad	Llenas de varios manjares las mesas te esperan ya.
Pecado	No hay deleite que no esté conVidado a tu solaz.
Alma	Bien empiezas a servirme. Siempre conmigo, de hoy más forastero has de vivir.
Vida	¡Qué placer!
Alma	¡Y qué pesar!
Alma	¿No vienes, esposa?
Alma	Sí.
Pecado	En fin, ¿concurriste ya en sus deleites?
Alma	Es fuerza, porque para conservar esta Vida entre los dos, ya soy suya al bien y al mal.
Pecado	Eso basta a mi esperanza. Volvé a tañer y a cantar.

(Éntrase y queda el Entendimiento.)

Cantan	En las bodas del Alma y el Alma, etc.

Entendimiento	Bien atrás quedarme intento, pues puede a esta Vanidad yendo con la Voluntad ir sin el Entendimiento. ¡Válgame el cielo! ¿Qué haré que industria prudente sea para que él conozca y crea el ser mortal?

(Sale la Muerte, con velo negro en la cara.)

Muerte	Yo lo sé.

Entendimiento	¿Quién a mi voz respondió, de un negro cendal tapado el rostro? ¿Quién, disfrazado, ofrece ayudarme?

Muerte	Yo.

Entendimiento	¿Tú no eres la Muerte?

Muerte	Sí.

Entendimiento	¿No eres del hombre enemigo?

Muerte	También.

Entendimiento	Pues ¿cómo conmigo concurres ahora aquí en su favor?

Muerte	Porque yo soy enemigo del Hombre,

para que su fin le asombre,
pero su castigo no.
Mi jurisdicción fatal
no aspira a su perdición,
que solo es jurisdicción
en la parte de mortal.
Y así la luz que se halla
hoy en mi poder, prevengo
turballa, ya que no tengo
licencia para apagalla.
Esto es acordarle yo,
viéndole en delicia tal
por ti al Hombre, que es mortal,
y él aprovéchese o no,
que el pavoroso desdén
de mi horrible saña fiera
bien mira a que el Hombre muera,
no a que muera mal o bien.

Entendimiento   Si tú le haces el aviso,
yo los discursos le haré
sobre el aviso, con que
será enmendarse preciso.
Mas no sea tal tu empeño
que le cojas en Pecado.

Muerte   No ha de ser más que un recado.

Entendimiento   ¿Quién ha de llevarle?

Muerte   El sueño.
Un ministro con quien yo
descanso en ser homicida
de la mitad de la Vida.

Entendimiento	¡Oh, quiera el cielo que no le desprecie!
Muerte	(Ruido dentro.) ¿Qué es aquello?
Entendimiento	El Alma se ha levantado de las mesas del Pecado. Tu efecto ha podido hacello.

(Sale el Alma huyendo y todos tras ella.)

Alma	¡Dejadme todos!
Memoria	¡Señora!
Pecado	Advierte.
Alma	¿Qué he de advertir?
Voluntad	Oye.
Alma	¿Qué tengo que oír?
Vida	Extraña estás.
Alma	¿Quién lo ignora?
Alma	¿Por qué con tal sentimiento dejas tan rica y tan bella mesa?
Alma	¿Por qué? Porque en ella

estoy sin Entendimiento,
como tú sin Voluntad
en otra mesa estuviste.

Alma   Yo estuve, con causa, triste,
entre la pobre humildad
de aquella mesa pasada;
pero tú entre la riqueza,
la majestad, la grandeza
de ésta, ¿por qué mal hallada
has de estar? ¿Qué deseara
la ambición que no tuviera?
¿El gusto qué apeteciera,
que al instante no lograra?
¿La vista no divertías
en ricos aparadores?
¿Entre perfumes y olores
el olfato no tenías?
¿Ufano y desvanecido
el tacto no se halagaba
en las ropas que tocaba?
¿Con músicas el oído
no te lisonjeaba el viento?
Pues ¿por qué pompa tan bella
huyes?

Alma   ¿Por qué? Porque en ella
estoy sin Entendimiento.

Alma   Ya le tienes aquí. A verle
vuelve.

Alma   ¿Qué importa, cruel,
que es tenerle y no usar de él

lo mismo que no tenerle?

Alma   ¿Qué te parece a ti desta
(A la Vida.)   hipócrita austeridad?

Vida   Si he de decir la verdad,
              harto imaginar me cuesta
              del Alma la condición.
              Nada me está bien a mí
              que le agrade; apenas vi
              las luces de la razón
              cuando quiso que inclinando
              mi ser a la penitencia,
              la clausura y obediencia,
              viviese al mundo ignorado.

Alma   ¿Conmigo gustosa estás?

Vida   Gusto en tus costumbres siento.

Alma   Pues esté el vivir contento,
              que yo no he menester más.

Alma   Yo sí, y la causa has de oír,
              que uno y otro ser ignora.

Alma   Sí oiré; di mientras ahora
              un poco me echo a dormir.
              Prosigue, pues; que rendido
              al sueño te oigo.

(Échase a dormir.)

Alma   Sí haré,

50

que voz del Alma bien sé
que te ha de coger dormido.
Ser eterno, el cielo santo
me dio.

Muerte   Aquí mi defecto empieza.

Alma   Mas ¿qué pasmo, qué torpeza
me embarga la voz?

Vida   ¿Qué encanto
es el que pasa por mí?

Entendimiento   ¡Cielos! ¿Qué es lo que me ha dado
que de repente he cegado?

Memoria   Con ser Memoria, perdí
la Memoria.

Voluntad   ¡Oh variedad
de especies, ya eres mi dueño!

Muerte   La última de quien al sueño
se entrega es la Voluntad.

Alma   Pues proseguir tengo, aunque...
pero yo... ¿Cuándo? ¡Ay de mí!

(Con turbación.)   Loca estoy. ¿Deliro? Sí.
Entendimiento, ¿por qué
no me alumbras y a mi intento
faltas, llamándote yo?

Entendimiento   Porque a oscuras se quedó
la luz del Entendimiento.

(Queda como ciego.)

Alma   Memoria, ¿aquesto, qué fue?

Memoria   Yo no me acuerdo de nada.

(Queda triste.)

Alma   ¿Voluntad?

Voluntad   Ya estoy helada.

(Sin moverse.)

Alma   Vida, ¿cómo andas?

Vida   No sé.

(Dando vueltas por el tablado.)

Alma   Luego, aunque dormir no puedo
                         yo, faltándome con quien
                         pueda explicarme, también
                         confusa y suspensa quedo.

(Quédase como elevada.)

Pecado   Este como un frenesí,
                         letargo o delirio fuerte
                         que a todos ha dado Muerte,
                         ¿no es efecto tuyo?

Muerte   Sí.

Pecado	Bien se deja conocer,
	si en sus acciones advierto,
	el Alma un cadáver yerto
	que, siendo, deja de ser;
	el Alma en suspensa cAlma,
	porque viéndose embargar
	los órganos para obrar,
	solo en no dormirse el Alma
	debe a su inmortalidad.
	Triste a la Memoria, luego
	el Entendimiento ciego
	y quieta a la Voluntad;
	y a la Vida, aunque dormida,
	corriendo siempre, porque
	nunca, aunque dormida esté,
	deja de correr la Vida.
Entendimiento	Sin saber adónde voy,
	voy tras una negra sombra.
(Vase.)	
Memoria	Allí una ilusión me asombra.
(Vase.)	
Voluntad	Paso sin arbitrio doy.
(Vase.)	
Alma	No tengo instrumento, no,
	que facultad me conceda.
(Vase.)	

53

Vida	¡Que todo pare, y no pueda pararme un instante yo!
Pecado	¿Cómo se van de estos modos?
Muerte	Porque no fuera este fuerte sueño imagen de la Muerte, si no le dejaran todos.
Pecado	Hombre, si un fácil desmayo tan dueño tuyo se nombra que el relámpago te asombra, ¿cómo no temes al rayo? ¿Cada día te divierte pecar, viendo cada día que en el sueño Dios te envía un recado de la Muerte? Pero por que aprovecharte de él no puedas, haré yo que en aqueste sueño no llegues a nada a acordarte, que tu perdición no sea cuando despiertes.
Muerte	No harás, que aqueste sueño no es más de hacer que mortal se crea, y yo la palabra di de que será acuerdo mío solamente.
Pecado	¿Yo no fío de ti mis acciones?

Muerte   Sí;
                    pero ignoras que neutral
                    siempre fui, y que acudo a quien
                    o me busca para el bien
                    o me quiere para el mal.
                    El Entendimiento aquí
                    me llamó, y no puedo, no,
                    al Entendimiento yo
                    quitar que use bien de mí.

Pecado   Sin ti sabré yo placeres
                    representarle, y amores.

Muerte   Yo asombros, sustos y horrores.

Pecado   Oscuro abismo, pues eres
                    mi corte y mi monarquía,
                    en dulces sonoras voces
                    que el aire rompan veloces
                    ideas al hombre envía
                    de vicios.

Muerte   Sombras letales,
                    que ya mis vasallos fuisteis,
                    tocadle al Alma con tristes
                    ecos de ansias mortales.

(Vanse los dos y canta dentro el coro primero.)

Coro primero   Hombre, en tu feliz estrella,
                    de que eres mortal te olVida,
                    que la Vida solo es Vida
                    en cuanto se goza de ella.

(Despierta el Alma.)

Alma

Es verdad, y no me asombra
ser vuestra Vida una flor
que nace con el albor
y fallece con la sombra;
y pues tan breve se nombra,
de nuestra Vida gocemos
el rato que la tenemos;
Dios a nuestro vientre hagamos:
comamos hoy y bebamos,
que mañana moriremos.

Coro segundo

Hombre, alarma y de ese modo
no te descuides; advierte
que la Muerte solo es Muerte
en cuanto se pierde todo.

Alma

¡Ay de mí! Si soy mortal
y es la Vida llama breve,
¿cómo a gastarla se atreve
mi loca ambición tan mal?
Ser tengo a mi ser leal;
vuelve, pensamiento, atrás;
no, no se despeñan más
de error tus sentidos llenos,
que cada suspiro menos
es un enemigo más.

Coro primero

Todo el gusto lo atropella,
pues es cosa conocida
que la Vida solo es Vida
en cuanto se goza de ella.

56

Alma	Esa sí, y yo me acomodo a no malograr mi suerte.
Coro segundo	Y la Muerte solo es Muerte en cuanto se pierde todo.
Alma	Una y otra voz partida que hay es el mundo me advierte...
Coro primero	Vida, Vida.
Coro segundo	Muerte, Muerte. Muerte, Muerte.
Coro primero	Vida, Vida.
Alma	¿Qué es esto? Pues, ¿cómo así tan solo me miro yo? ¿Perdí Vida y Alma?

(Salen todos.)

Todos	No.
Alma	¿Que vuelvo a cobraros?
Todos	Sí.
Alma	Pues, ¿cómo me habéis dejado todos este breve instante?
Alma	Como es un sueño bastante, ha habernos enajenado.

Alma	Aquí me llama un placer, y allí me asombra un pesar.
Vida	Pues ¿qué tienes que dudar?
Alma	Pues ¿qué tienes que temer?
Vida (Ella y coro primero.)	Si el placer te llama, huella esa aprensión homicida; que la Vida es solo Vida en cuanto se goza de ella.
Alma	Si el pesar con otro modo puede aprovecharte, advierte que la Muerte solo es Muerte en cuanto se pierde todo.
Alma	Entendimiento y beldad del Alma se han declarado palabra; Muerte y Pecado siguen Vida y Voluntad. Memoria, ¿qué voto das?
Memoria	No lo tengo; tú eres cuerdo, que hay Vida y Muerte te acuerdo. A mí no me toca más.
Alma	Vivir bien solo es vivir.
Vida	El morir es lo postrero.
Alma	Pues siendo así, yo no quiero morir antes de morir,

porque no he de haber nacido
solo para penas yo.

Todos   ¿Quién venció?

Alma   El Gusto venció.

Alma   Pues a mí no me ha vencido;
y así, cielos, Sol y Luna,
signos, estrellas, luceros,
hombres, aves, fieras, peces,
mares, montes, rayos, vientos,
mis lágrimas escuchad,
mirad mis suspiros tiernos,
y vos, soberano juez,
que en tribunal supremo
de once grados de zafir
juzgáis los malos y buenos,
a mis voces atended,
oíd mis tristes lamentos,
que más que a todos a vos
os he menester, atento
cuando ante vos poner trato
jurídicamente pleito
matrimonial a mi esposo,
que disuelva el casamiento
que contra su Voluntad
hizo el Alma con el Alma,
que si el amor de La Vida
la ha dilatado algún tiempo,
conociendo en sus costumbres
la mala Vida que tengo,
todo el amor lo he perdido,
y así también me querello

en la Vida que me da
de sus malos tratamientos.
Para cuya información
hoy primeramente alego
la fuerza que protesté
al descender de mi centro;
luego el error de persona,
pues quien tan vano y soberbio
procede, ¿qué más error
de persona que sus yerros?
Con estas dos causas, que una
bastara ante vos, parezco,
y profetas y doctores
por testigos os presento.
Tomad a David su dicho,
veréis qué dicen sus versos,
el salmo cuarenta y uno
(que es dos entre los hebreos):
«Saca de prisión al Alma,
Señor»; y Agustín, haciendo
el comento al pronunciar
«prisión», añade «del Alma»;
que Nebrardo no «prisión»
la hace solo, sino «cerco
de enemigos» la publica,
y dice que hasta los mesmos
justos más amigos míos
conocen mis sentimientos.
Job, en tres lamentaciones
de mil miserias cubierto,
considerando a su Alma
con tantos impedimentos,
dice que «es inquieto mar
cercado, ceñido y preso

de las márgenes de arena»;
y Jerónimo, advirtiendo
mi opresión, dice que son
«cadenas y ligamentos
míos las enfermedades».
Pablo, mis males sintiendo
de aquesta cárcel del Alma,
dice: «¡Oh quién viera disuelto
este nudo de la carne!»;
y Gregorio Nacianceno:
«Quítame, Señor, repite,
túnica de tanto peso,
y ponme otra más suave»;
y, mejor que todos ellos,
Cristo mismo, pues sanando
una mujer que a los cielos
ver no podía, lo entienden
todos del impedimento
de las virtudes, de quien
yo justamente me quejo,
pues de todas mis virtudes
tiranamente carezco
despojada. Y, finalmente,
mi tormento es el tormento
del tirano que ligaba
juntos un vivo y un muerto,
pues que las bascosidades
de sus torpezas, deseos,
apetitos, iras, gulas
y liviandades padezco.
¡Justicia, Señor, justicia!

Vida   Detén, detén el acento,
que de escucharte me pasmo,

que de oírte me estremezco.
El corazón a pedazos,
quebrándoseme en el pecho,
sin orden late.

Alma   A sus golpes,
yo de pies y manos tiemblo.
¡Ay de mí, que juntamente
de Vida y Alma padezco
iguales las destemplanzas
y las pasiones a un tiempo!
Alma hermosa, no prosigas
la instancia, que yo te ofrezco
estimarte desde aquí,
solo a tu pureza atento.
Revoca la petición.

Alma   Ya no puedo, ya no puedo;
porque ante Dios presentada,
él la está juzgando y viendo.

Alma   Pues ¿es posible que el trato
de los dos tan poco afecto
hizo en tu amor?

Vida   ¿Es posible
que al verme a mí padeciendo
no te mueva? Considera
que sin Alma y Alma quedo
huérfana de padre y madre.

Alma   Dios sabe si yo lo siento;
pero ya no está en mi mano.

Los dos	Sí está.
Alma	¿Cómo?
Vida	Dando.
Alma	Haciendo.
Vida	Compadecida a mi llanto.
Alma	Enternecida a mi ruego.
Los dos	Apartamiento de aquesta demanda.
Alma	Hacer no es consejo de ella apartamiento yo, si es ella el apartamiento.
Vida	Pues, ¡ay infeliz de mí, que soy la que lo padezco!
Alma	Memoria, ruégala tú se duela de mí.
Memoria	No puedo, que yo soy potencia suya y he de volver con quien vengo.
Alma	Voluntad, tú de mi parte perdón le pide.
Voluntad	Harto tengo que pedirla para mí.

Alma	¿Tú me dejas?
Voluntad	Yo te dejo.
Alma	Ahora veo que eres falsa, amiga, pues sin acuerdo en el riesgo me metiste para dejarme en el riesgo. Entendimiento, aunque tú eres quien me debes menos, no me desampares.
Entendimiento	Yo te asistiré hasta el postrero término de la sentencia.
Alma	Voluntad, advierte en esto cuánto mejor para amigo es que tú el Entendimiento. Aconséjame: ¿Qué haré, ya que conmigo te tengo?
Entendimiento	Alegar que no fue cierta la fuerza del Alma, puesto que ella de su Voluntad usar no pidió primero que el casamiento se hiciese, y cuando lo hiciese es cierto que habiendo ella concurrido en tus gustos y deseos alguna vez, ya prestó ella su consentimiento y validó el matrimonio,

pues embaraza con esto
la nulidad, y será
divorcio solo, viniendo
tiempo en que vuelva a juntarse
contigo.

Alma   Así lo protesto,
soberano juez.

(Sale la Muerte con la hacha.)

Muerte   Y así
a notificarte vengo
yo que soy de su justicia
el ministro más severo.

Vida   ¡Ay de mí, que ya la llama
que traje a este mundo ardiendo
consumiéndose en sí misma
agonizando la veo
pulsar con tan poca luz,
que un fácil débil aliento
la puede apagar sin soplo!

Muerte   Dios...

Alma   No pronuncies tan presto
la sentencia. Espera, espera,
que vale mucho un momento.
Mira que va en un instante
a decir el ve resuelto
todo el mundo, porque el hombre
es todo un mundo pequeño.
¡No la fábrica mayor

65

de Sagas —la vista pierdo—;
no aqueste reloj humano
desconciertes —voz no tengo—!
La lengua se me ha trabado,
entorpecido el aliento,
turbado se me ha el oído,
al tacto es volcán de hielo;
sufrir no puedo las ropas.
¡Quién no hubiera sido cielos
para no dejar de ser,
cuando en este trance advierto
que de todos mis sentidos
solo dura el sentimiento!
¡Qué agonía!

Muerte	Dios me manda...

Alma	Deja que antes de saberlo

me aproveche de tener
conmigo a mi Entendimiento.
¡Confieso, Señor, mis culpas,
y de todas me arrepiento!

Muerte	E... que se deposite el Alma

mientras que se sigue el pleito,
cuya sentencia cumplió
el número a sus alientos.

(Mata la hacha.)

Vida	Fácil llama fui no más,

y así en humo me resuelvo;
con luz vine, a oscuras voy,
soplo soy, llevóme el viento.

Alma	Faltó la luz y quedé tan torpe como primero.
Alma	Faltó entre los dos La Vida y quedé espíritu eterno, sin saber de este divorcio el depósito que tengo.
Voluntad, Entendimiento y Memoria	Sigamos los tres al Alma, en tanto asombro suspensos.
Alma	Desplomada va a buscar la gravedad de mi Alma la tierra.
Muerte	Yo te pondré en ella, porque es mi intento sacarte de ella y volverte a ella también.
Alma	Duro seno, desnudo de ti salí, y así a ti desnudo vuelvo. En los brazos de la Muerte nací, y en sus brazos muero. No llevo del mundo más que el desengaño que os dejo, mortales; y aun fuera mucho si os sirviera de escarmiento.

(Éntrale la Muerte en la gruta.)

Alma	En mis sombras tropezando y en mis errores cayendo voy, sin saber dónde.

(Sale el Pecado.)

Pecado	Yo lo sé, pues que yo te tengo.
Alma	¿Quién eres?
Pecado	Soy el peligro donde caíste primero.
Alma	¿A la entrada y la salida siempre has de estarme al encuentro?
Pecado	Sí, y esta vez no podrás de mí escaparte, supuesto que alguna vez concurriste en las torpezas del Alma.
Alma	Sí podré, pues ya él pidió perdón de todos sus yerros.
Pecado	Fue muy tarde, y ha de ser tu depósito mi centro.
Alma	Nunca es tarde para Dios. ¡Que me abraso! ¡Que me quemo! ¡Misericordia, Señor! ¡Piedad, Señor!
Pecado	¡Eso es bueno! ¿Ahora merecer quieres

con suspiros y lamentos?
¿No sabes que el Alma solo
puede merecer viviendo
con el Alma, pero no
una vez fuera del Alma?

Alma

Ya lo sé, pero también
sé, si merecer no puedo,
que este rato que me tienes
en tu poder, monstruo fiero,
puedo...

Pecado

¿Qué?

Alma

Satisfacer
la culpa de mis defectos
con la pena de ser tuya
este instante, y así es cierto
que llorando satisfago
si llorando bien merezco.
¡Piedad, Señor! Y pues tuve
reverencia, amor y celo,
al banquete que me dio
cautivo el Entendimiento,
dé la fe el mérito grande
de tan grande sacramento.
¡El término ahora abrevie
de las penas que padezco
hasta llegar a mi patria!

(Tan chirimías. Descúbrese un altar con hostia y cáliz, y en lo alto de él un trono, en que se verá un niño que hace a Cristo.)

Pecado

Oyó tus quejas el cielo,

y por los méritos de ese
misterio de los misterios,
milagro de los milagros,
portento de los portentos,
pasa a tu patria, que ya,
todos los claustros abiertos,
te aguarda la eterna Vida.

Niño   Yo lo soy, por que perdiendo
la Vida humana, la eterna
halles en mí, conociendo
la distancia de una a otra.
Sube en ese trono mesmo
que descendiste a gozarla,

(Sube en el trono que bajó al principio.)

que aquesta fineza debo
a la fe con que adorastes
mi divino sacramento,
y por que la accidental
goces también, mira, al tiempo
que tú subes, en la tierra
depositado tu Alma,
diciendo con Job:

(Vese el Alma en la gruta, como al principio.)

Alma   Aquí,
Señor, mi mudanza espero,
y que volverá a ser mía
mi esposa en el día postrero
que en sentencia de revista
deste matrimonial pleito

me la entregues, cuando vengas
a juzgar vivos y muertos.

Todos y música   Demos alabanza todos
a tan grande sacramento,
pues por él las iras templa
de sus rigores el cielo.

Pecado   Cantad, mientras yo rabiando
a los abismos desciendo.

(Húndese y salen llamas.)

Muerte   Cantad, mientras yo a este tronco
vencido y vencedor vuelvo.

(Ábrese el tronco de donde salió y éntrase en él.)

Alma   Cantad, mientras que yo aguardo
depositado en mi centro.

(Ciérrase la gruta.)

Todos y música   Del pleito matrimonial
que traen el Alma y el Alma,
la mejor apelación
es a este gran sacramento,
cuyo grande misterio,
si el cielo tiene envidia,
envidia el cielo.

Libros a la carta

A la carta es un servicio especializado para
empresas,
librerías,
bibliotecas,
editoriales
y centros de enseñanza;
y permite confeccionar libros que, por su formato y concepción, sirven a los propósitos más específicos de estas instituciones.

Las empresas nos encargan ediciones personalizadas para marketing editorial o para regalos institucionales. Y los interesados solicitan, a título personal, ediciones antiguas, o no disponibles en el mercado; y las acompañan con notas y comentarios críticos.

Las ediciones tienen como apoyo un libro de estilo con todo tipo de referencias sobre los criterios de tratamiento tipográfico aplicados a nuestros libros que puede ser consultado en Linkgua-ediciones.com.

Linkgua edita por encargo diferentes versiones de una misma obra con distintos tratamientos ortotipográficos (actualizaciones de carácter divulgativo de un clásico, o versiones estrictamente fieles a la edición original de referencia).

Este servicio de ediciones a la carta le permitirá, si usted se dedica a la enseñanza, tener una forma de hacer pública su interpretación de un texto y, sobre una versión digitalizada «base», usted podrá introducir interpretaciones del texto fuente. Es un tópico que los profesores denuncien en clase los desmanes de una edición, o vayan comentando errores de interpretación de un texto y esta es una solución útil a esa necesidad del mundo académico.

Asimismo publicamos de manera sistemática, en un mismo catálogo, tesis doctorales y actas de congresos académicos, que son distribuidas a través de nuestra Web.

El servicio de «libros a la carta» funciona de dos formas.

1. Tenemos un fondo de libros digitalizados que usted puede personalizar en tiradas de al menos cinco ejemplares. Estas personalizaciones pueden ser de todo tipo: añadir notas de clase para uso de un grupo de estudiantes,

introducir logos corporativos para uso con fines de marketing empresarial, etc. etc.

2. Buscamos libros descatalogados de otras editoriales y los reeditamos en tiradas cortas a petición de un cliente.